SCHOLASTIC

Solve-the-Riddle
Math Practice
Multiplication & Division Facts

LIANE B. ONISH

New York • Toronto • London • Auckland • Sydney
Mexico City • New Delhi • Hong Kong • Buenos Aires

Teaching *Resources*

Hi, Mom!

Scholastic Inc. grants teachers permission to photocopy the activity pages from this book for classroom use. No other part of this publication may be reproduced in whole or in part, or stored in a retrieval system, or transmitted in any form or by any means, electronic, mechanical, photocopying, recording, or otherwise, without permission of the publisher. For information regarding permission, write to Scholastic Inc., 557 Broadway, New York, NY 10012-3999

Cover design by Ka-Yeon Kim-Li
Interior design by Holly Grundon
Interior illustrations by Anne Kennedy

ISBN-13: 978-0-545-16326-2
ISBN-10: 0-545-16326-9

Text copyright © 2010 by Liane B. Onish
Illustrations © 2010 by Scholastic Inc.
Published by Scholastic Inc.
All rights reserved.

6 7 8 9 10   40   17 16 15

Contents

About This Book 4

Multiplication

Riddle 1	2's to 24 5
Riddle 2	2's With Missing Factors 6
Riddle 3	3's to 36 7
Riddle 4	3's With Missing Factors 8
Riddle 5	4's to 48 9
Riddle 6	4's With Missing Factors 10
Riddle 7	5's to 60 11
Riddle 8	5's With Missing Factors 12
Riddle 9	6's to 72 13
Riddle 10	6's With Missing Factors 14
Riddle 11	7's to 84 15
Riddle 12	7's With Missing Factors 16
Riddle 13	8's to 96 17
Riddle 14	8's With Missing Factors 18
Riddle 15	9's to 108 19
Riddle 16	9's With Missing Factors 20
Riddle 17	10's to 120 21
Riddle 18	10's With Missing Factors 22
Riddle 19	11's to 132 23
Riddle 20	11's With Missing Factors 24
Riddle 21	12's to 144 25
Riddle 22	12's With Missing Factors 26
Riddle 23	1's, 2's, 3's 27
Riddle 24	1's, 2's, 3's With Missing Factors ... 28
Riddle 25	4's, 5's, 6's 29
Riddle 26	4's, 5's, 6's With Missing Factors ... 30
Riddle 27	7's, 8's, 9's 31
Riddle 28	7's, 8's, 9's With Missing Factors ... 32
Riddle 29	10's, 11's, 12's 33
Riddle 30	10's, 11's, 12's With Missing Factors 34

Division

Riddle 31	Halves 35
Riddle 32	3's to 15 36
Riddle 33	4's to 24 37
Riddle 34	1's, 2's, 3's 38
Riddle 35	1's, 3's, 4's 39
Riddle 36	2's to 24 40
Riddle 37	3's to 36 41
Riddle 38	4's to 48 42
Riddle 39	5's to 60 43
Riddle 40	6's to 72 44
Riddle 41	7's to 84 45
Riddle 42	8's to 96 46
Riddle 43	9's to 108 47
Riddle 44	10's to 120 48
Riddle 45	11's to 132 49
Riddle 46	12's to 144 50
Riddle 47	1's, 2's, 3's 51
Riddle 48	4's, 5's, 6's 52
Riddle 49	1's to 6's With Missing Dividends ... 53
Riddle 50	7's, 8's, 9's 54
Riddle 51	10's, 11's, 12's 55
Riddle 52	7's to 12's With Missing Dividends . 56

Mixed Practice

Riddle 53	1's to 6's 57
Riddle 54	7's to 12's 58
Riddle 55	With Missing Factors and Dividends: 1's to 4's 59
Riddle 56	With Missing Factors and Dividends: 5's to 8's 60
Riddle 57	With Missing Factors and Dividends: 9's to 12's 61

Answer Key 62

About This Book

Research shows that to master key math skills, students need plenty of sustained practice. Quick recall of multiplication and division facts is an essential foundation skill for further success in math. The silly riddles on the activity pages in this book will motivate students to complete the math problems and get this needed practice. Each answer is keyed to a letter. Located below the math problems is the solution to the riddle. Students write the letter that corresponds to each numerical answer to spell out the solution to the riddle. Voila! Math practiced, riddle solved!

Meeting the Math Standards

The National Council of Teachers of Mathematics (NCTM) has outlined learning expectations and focal points – key concepts and skills for emphasis at different grade levels. The activities in this book align with the Numbers and Operations standard and focal points for students in grades 2 to 4 (nctm.org/standards).

For an overview of specific math skills covered in this book, see the Contents page. (These math skills are also listed at the top of each activity sheet.) Use your students' different ability levels as a guide when assigning the practice pages.

Introducing the Activities

Read the riddle and math directions with students. Point out the letter below or next to each answer's write-on line. Explain that the answers have the letters students will use to solve the riddle. After they complete the math, direct them to the bottom of the page. Tell them that they will solve the riddle by using the letters under each answer. Have them read the number under the solution's first write-on line. Help students find that number in their math answers. Then have them write the letter that goes with that number answer on the line. When all of the letters have been filled in, invite students to reread the riddle and the solution. Discuss the wordplay used in the riddles, which rely mostly on multiple meanings and puns.

Math Vocabulary

Before students begin, review math vocabulary. This is especially helpful for English language learners.

Multiplication: *multiply, times, factor, product, factor x factor = product*

Division: *divide, divisor, dividend, quotient, dividend ÷ divisor = quotient*

Remind students that $6 \div 3 = 2$ is the same as $3\overline{)6}$ with quotient 2.

Also review these division rules for 1:

→ Any number greater than zero divided by itself equals 1.

$8 \div 8 = 1$ $8\overline{)8}$ = 1

→ Any number greater than zero divided by 1 equals that number.

$5 \div 1 = 5$ $1\overline{)5}$ = 5

Multiplication: 2's to 24

Name: _____ Date: _____

Riddle 1

Why did the peanut butter jump into the ocean?

Find the product.
Solve the riddle using your answers below.

2 × 2 = ___
B

2 × 1 = ___
I

2 × 4 = ___
Y

2 × 10 = ___
H

2 × 6 = ___
W

2 × 5 = ___
F

2 × 8 = ___
J

2 × 7 = ___
O

2 × 3 = ___
L

2 × 11 = ___
S

2 × 12 = ___
E

2 × 9 = ___
T

Solve the Riddle! Write the letter that goes with each number.

___ ___ ___ ___ ___ ___ ___
18 14   4 24 12   2 18 20

___ ___ ___ ___ ___ ___ ___ ___ ___ ___ ___
18 20 24 16 24 6   6   8 10   2 2? 20

Solve-the-Riddle Math Practice: Multiplication & Division Facts © 2010 by Liane B. Onish. Scholastic Teaching Resources

Riddle 2

Why did the banana go to the doctor?

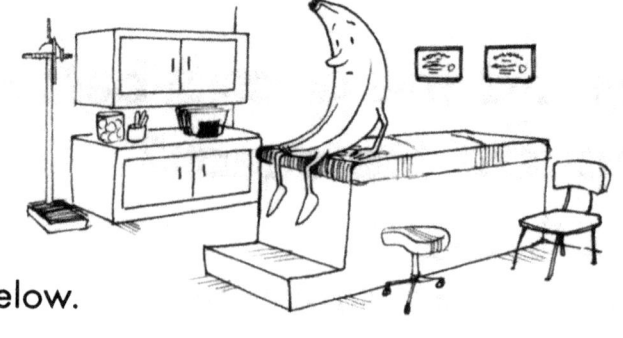

Find the missing factor.
Solve the riddle using your answers below.

2 × ___ = 8 T	2 × ___ = 10 E
2 × ___ = 2 Y	2 × ___ = 14 P
2 × ___ = 22 W	2 × ___ = 12 G
2 × ___ = 18 N	2 × ___ = 24 H
2 × ___ = 20 A	2 × ___ = 6 S
2 × ___ = 16 I	2 × ___ = 4 L

Solve the Riddle! Write the letter that goes with each number.

__ __ __ __ __ __ ' __
8 4   11 10 3 9   4

__ __ __ __ __ __ __ __ __ __ __ .
7 5   5 2   8 9   6 11 5 2 2

Multiplication: 2's With Missing Factors

Multiplication: 3's to 36

Name: _____ Date: _____

Riddle 3

Why should ice skaters never tell jokes?

Find the product.
Solve the riddle using your answers below.

3 × 3 = ___ H	3 × 2 = ___ C
3 × 8 = ___ I	3 × 11 = ___ U
3 × 7 = ___ P	3 × 10 = ___ K
3 × 6 = ___ T	3 × 4 = ___ A
3 × 12 = ___ E	3 × 1 = ___ G
3 × 9 = ___ R	3 × 5 = ___ M

Solve the Riddle! Write the letter that goes with each number.

___ ___ ___   ___ ___ ___   ___ ___ ___ ___ ___
18 9 36   24 6 36   15 24 3 9 18

___ ___ ___ ___ ___ ___ ___ .
6 27 12 6 30 33 21

Solve-the-Riddle Math Practice: Multiplication & Division Facts © 2010 by Liane B. Onish. Scholastic Teaching Resources

Riddle 4

Multiplication: 3's With Missing Factors

Name: _____ Date: _____

What do you get when you put a 100-pound bag of peanuts in an elephant's cage?

Find the missing factor.
Solve the riddle using your answers below.

$3 \times \underline{} = 9$ O	$3 \times \underline{} = 3$ L
$3 \times \underline{} = 36$ S	$3 \times \underline{} = 15$ N
$3 \times \underline{} = 24$ A	$3 \times \underline{} = 30$ R
$3 \times \underline{} = 18$ P	$3 \times \underline{} = 27$ H
$3 \times \underline{} = 21$ Y	$3 \times \underline{} = 6$ T
$3 \times \underline{} = 12$ E	$3 \times \underline{} = 33$ D

Solve the Riddle! Write the letter that goes with each number.

__ __ __ __ __ __ __ __
3 5 4   9 8 6 6 7

__ __ __ __ __ __ __ __
4 1 4   6 9 8 5 2

Multiplication: 4's to 48

Name: _____ Date: _____

Riddle 

Who visits an elephant when he loses a tooth?

Find the product.
Solve the riddle using your answers below.

4 × 3 = ___T	4 × 1 = ___S
4 × 6 = ___U	4 × 4 = ___A
4 × 10 = ___Y	4 × 7 = ___N
4 × 8 = ___I	4 × 2 = ___E
4 × 11 = ___H	4 × 12 = ___R
4 × 9 = ___K	4 × 5 = ___F

Solve the Riddle!   Write the letter that goes with each number.

___ ___ ___   ___ ___ ___ ___
12   44   8   12   24   4   36

___ ___ ___ ___ ___
20   16   32   48   40

Solve-the-Riddle Math Practice: Multiplication & Division Facts © 2010 by Liane B. Onish. Scholastic Teaching Resources

Multiplication: 4's With Missing Factors

Riddle 6

Why did Silly Billy put sugar on his pillow?

Find the missing factor.
Solve the riddle using your answers below.

| $4 \times \underline{} = 16$ | $4 \times \underline{} = 8$ |
| N | W |

| $4 \times \underline{} = 24$ | $4 \times \underline{} = 44$ |
| R | F |

| $4 \times \underline{} = 12$ | $4 \times \underline{} = 36$ |
| E | T |

| $4 \times \underline{} = 20$ | $4 \times \underline{} = 4$ |
| P | D |

| $4 \times \underline{} = 28$ | $4 \times \underline{} = 48$ |
| A | M |

| $4 \times \underline{} = 40$ | $4 \times \underline{} = 32$ |
| S | H |

Solve the Riddle! Write the letter that goes with each number.

___ ___   ___ ___ ___ ___ ___ ___
 8   3   2   7   4   9   3   1

___ ___ ___ ___ ___   ___   ___ ___ ___ ___ ___.
10   2   3   3   9   1   6   3   7   12 10

Multiplication: 5's to 60

Name: _____ Date: _____

Riddle 7

What do you need to know before teaching your dog to do tricks?

Find the product.
Solve the riddle using your answers below.

5 × 2 = ___
           H

5 × 11 = ___
            O

5 × 7 = ___
           R

5 × 5 = ___
           D

5 × 3 = ___
           A

5 × 1 = ___
           F

5 × 10 = ___
            G

5 × 6 = ___
           N

5 × 9 = ___
           S

5 × 8 = ___
           E

5 × 4 = ___
           M

5 × 12 = ___
            T

Solve the Riddle! Write the letter that goes with each number.

___ ___ ___ ___   ___ ___ ___ ___
20 55 35 40   60 10 15 30

___ ___ ___ ___ ___ ___
60 10 40 25 55 50

Multiplication: 5's With Missing Factors

Riddle 8

Name: _____ Date: _____

Where do lumberjacks buy things?

Find the missing factor.
Solve the riddle using your answers below.

$5 \times \underset{I}{\underline{\hspace{1cm}}} = 10$ $5 \times \underset{E}{\underline{\hspace{1cm}}} = 55$

$5 \times \underset{A}{\underline{\hspace{1cm}}} = 20$ $5 \times \underset{O}{\underline{\hspace{1cm}}} = 25$

$5 \times \underset{S}{\underline{\hspace{1cm}}} = 15$ $5 \times \underset{R}{\underline{\hspace{1cm}}} = 30$

$5 \times \underset{P}{\underline{\hspace{1cm}}} = 5$ $5 \times \underset{T}{\underline{\hspace{1cm}}} = 60$

$5 \times \underset{C}{\underline{\hspace{1cm}}} = 35$ $5 \times \underset{N}{\underline{\hspace{1cm}}} = 45$

$5 \times \underset{H}{\underline{\hspace{1cm}}} = 50$ $5 \times \underset{G}{\underline{\hspace{1cm}}} = 40$

Solve the Riddle!   Write the letter that goes with each number.

__ __ __ __ __ __ __ __ __ __ __ __ __ __
4 12 12 10 11 7 10 5 1 1 2 9 8

__ __ __ __ __ __
7 11 9 12 11 6

12 Solve-the-Riddle Math Practice: Multiplication & Division Facts © 2010 by Liane B. Onish, Scholastic Teaching Resources

Multiplication: 6's to 72

Name: _____ Date: _____

Riddle 9

Why was the little ant so confused?

Find the product.
Solve the riddle using your answers below.

6 × 4 = ___
       T

6 × 3 = ___
       R

6 × 1 = ___
       L

6 × 5 = ___
       I

6 × 7 = ___
       H

6 × 8 = ___
       N

6 × 9 = ___
       C

6 × 11 = ___
       U

6 × 12 = ___
       W

6 × 6 = ___
       E

6 × 2 = ___
       A

6 × 10 = ___
       S

Solve the Riddle! Write the letter that goes with each number.

___ ___ ___ ___ ___ ___ ___ ___ ___ ___ ___ ___
12 6 6 42 30 60 66 48 54 6 36 60

___ ___ ___ ___   ___ ___ ___ ___ !
72 36 18 36   12 48 24 60

Multiplication: 6's With Missing Factors

Riddle 10

Why do birds fly south for the winter?

Find the missing factor.
Solve the riddle using your answers below.

$6 \times \underline{} = 54$ 　　　　 $6 \times \underline{} = 18$

$6 \times \underline{} = 66$ 　　　　 $6 \times \underline{} = 24$

$6 \times \underline{} = 30$ 　　　　 $6 \times \underline{} = 48$

$6 \times \underline{} = 12$ 　　　　 $6 \times \underline{} = 6$

$6 \times \underline{} = 36$ 　　　　 $6 \times \underline{} = 60$

$6 \times \underline{} = 42$ 　　　　 $6 \times \underline{} = 72$

Solve the Riddle! Write the letter that goes with each number.

$\underline{}\ \underline{}\ '\ \underline{}\ \ \ \underline{}\ \underline{}\ \underline{}\ \ \ \underline{}\ \underline{}\ \underline{}$
　7 　10 　　11 　　　10 　1 　1 　　　4 　12 　5

$\underline{}\ \underline{}\ \ \ \underline{}\ \underline{}\ \underline{}\ \underline{}\ .$
　10 　1 　　　6 　12 　2 　9

14　　Solve-the-Riddle Math Practice: Multiplication & Division Facts © 2010 by Liane B. Onish. Scholastic Teaching Resources

Multiplication: 7's to 84

Name: _____ Date: _____

Riddle 11

What shape does a tyrannosaurus like best?

Find the product.
Solve the riddle using your answers below.

7 × 3 = ___
       E

7 × 5 = ___
       N

7 × 7 = ___
       X

7 × 11 = ___
        C

7 × 4 = ___
       L

7 × 8 = ___
       R

7 × 1 = ___
       D

7 × 6 = ___
       G

7 × 10 = ___
        A

7 × 2 = ___
       U

7 × 9 = ___
       Q

7 × 12 = ___
        T

Solve the Riddle! Write the letter that goes with each number.

___ ___ ___ ___ - ___ ___ ___ ___ ___ ___
70 56 21 49   84 70 35 42 28 21

Multiplication: 7's With Missing Factors

Riddle 12

What did the puppy take on her vacation?

Find the missing factor.
Solve the riddle using your answers below.

7 × ___ = 14
    I

7 × ___ = 21
    A

7 × ___ = 77
    N

7 × ___ = 35
    H

7 × ___ = 28
    E

7 × ___ = 49
    T

7 × ___ = 7
    D

7 × ___ = 42
    G

7 × ___ = 63
    F

7 × ___ = 84
    O

7 × ___ = 70
    B

7 × ___ = 56
    R

Solve the Riddle! Write the letter that goes with each number.

___ ___ ___   ___ ___ ___ ___ ___ ___
5   4   8   1   12   6   6   2   4

___ ___ ___
10   3   6

Multiplication: 8's to 96

Name: _____ Date: _____

Riddle 13

What is the best way to stay cool at the ballpark?

Find the product.
Solve the riddle using your answers below.

8 × 8 = ___
          N

8 × 7 = ___
          I

8 × 3 = ___
          S

8 × 12 = ___
           F

8 × 4 = ___
          A

8 × 9 = ___
          O

8 × 1 = ___
          D

8 × 6 = ___
          X

8 × 5 = ___
          T

8 × 10 = ___
           U

8 × 11 = ___
           Q

8 × 2 = ___
          E

Solve the Riddle! Write the letter that goes with each number.

___ ___ ___   ___ ___ ___ ___
24 56 40   64 16 48 40

___ ___ ___   ___ ___ ___
40 72 32   96 32 64

Solve-the-Riddle Math Practice: Multiplication & Division Facts © 2010 by Liane B. Onish. Scholastic Teaching Resources

Multiplication: 8's
With Missing Factors

Riddle 14

Name: _____ Date: _____

What is a duck's favorite snack?

Find the missing factor.
Solve the riddle using your answers below.

8 × ___ = 8 C	8 × ___ = 40 A
8 × ___ = 96 E	8 × ___ = 80 R
8 × ___ = 48 J	8 × ___ = 16 T
8 × ___ = 88 D	8 × ___ = 56 U
8 × ___ = 72 N	8 × ___ = 24 K
8 × ___ = 32 Q	8 × ___ = 64 S

Solve the Riddle! Write the letter that goes with each number.

__ __ __ __ __ __ __ __ __ __ __ __ __
4   7   5   1   3   12 10   6   5   1   3   8

Multiplication: 9's to 108

Name: _____ Date: _____

Riddle 15

Where are the bargains at sea?

Find the product.
Solve the riddle using your answers below.

$9 \times 6 = $ _____
   L

$9 \times 10 = $ _____
   B

$9 \times 2 = $ _____
   R

$9 \times 9 = $ _____
   S

$9 \times 5 = $ _____
   N

$9 \times 3 = $ _____
   T

$9 \times 1 = $ _____
   D

$9 \times 8 = $ _____
   I

$9 \times 4 = $ _____
   A

$9 \times 11 = $ _____
   O

$9 \times 12 = $ _____
   V

$9 \times 7 = $ _____
   E

Solve the Riddle! Write the letter that goes with each number.

___ ___ ___ ___ ___ ___ ___ ___ ___ ___ ___
99 45 81 36 54 63 90 99 36 27 81

Solve-the-Riddle Math Practice: Multiplication & Division Facts © 2010 by Liane B. Onish. Scholastic Teaching Resources

Multiplication: 9's With Missing Factors

Riddle 16

Where should you take a sick kangaroo?

Find the missing factor.
Solve the riddle using your answers below.

9 × ___ = 81 L	9 × ___ = 54 D
9 × ___ = 63 I	9 × ___ = 36 O
9 × ___ = 108 T	9 × ___ = 72 A
9 × ___ = 45 S	9 × ___ = 27 P
9 × ___ = 9 H	9 × ___ = 90 W
9 × ___ = 99 N	9 × ___ = 18 E

Solve the Riddle! Write the letter that goes with each number.

___ ___   ___ ___ ___
12   4   12   1   2

___ ___ ___ - ___ ___ ___ ___
1   4   3   7   12   8   9

Multiplication: 10's to 120

Riddle 17

What do you call witches who live together?

Find the product.
Solve the riddle using your answers below.

10 × 4 = ___
         O

10 × 7 = ___
         E

10 × 6 = ___
         B

10 × 5 = ___
         A

10 × 11 = ___
          Z

10 × 3 = ___
         D

10 × 1 = ___
         N

10 × 10 = ___
          R

10 × 2 = ___
         M

10 × 8 = ___
         W

10 × 12 = ___
          S

10 × 9 = ___
         T

Solve the Riddle! Write the letter that goes with each number.

___ ___ ___ ___ ___ - ___ ___ ___ ___ ___
60   100   40   40   20   20   50   90   70 120

Riddle 18

Multiplication: 10's With Missing Factors

Name: _____ Date: _____

What book comes with its own light?

Find the missing factor.
Solve the riddle using your answers below.

10 × ___ = 60 R	10 × ___ = 10 C
10 × ___ = 90 T	10 × ___ = 40 K
10 × ___ = 20 D	10 × ___ = 80 E
10 × ___ = 110 U	10 × ___ = 50 O
10 × ___ = 30 B	10 × ___ = 120 H
10 × ___ = 70 A	10 × ___ = 100 M

Solve the Riddle! Write the letter that goes with each number.

___ ___ ___ ___ ___ ___ ___ ___ ___ ___
 7   10   7   9   1   12   3   5   5   4

Multiplication: 11's to 132

Riddle 19

An apple and a lemon were on a diving board. The apple dove off. Why didn't the lemon?

Find the product.
Solve the riddle using your answers below.

11 × 2 = ____
   L

11 × 10 = ____
   O

11 × 4 = ____
   S

11 × 7 = ____
   U

11 × 11 = ____
   C

11 × 6 = ____
   I

11 × 3 = ____
   E

11 × 12 = ____
   W

11 × 5 = ____
   Y

11 × 9 = ____
   T

11 × 1 = ____
   A

11 × 8 = ____
   B

Solve the Riddle! Write the letter that goes with each number.

__ __ __ __ __ __ __ __ __
88 33 121 11 77 44 33 66 99

__ __ __ __ __ __ __ __ __
132 11 44   55 33 22 22 110 132

Solve-the-Riddle Math Practice: Multiplication & Division Facts © 2010 by Liane B. Onish. Scholastic Teaching Resources

Multiplication: 11's With Missing Factors

Riddle 20

Name: _____ Date: _____

What fish likes to wear a red, white, and blue hat?

Find the missing factor.
Solve the riddle using your answers below.

$11 \times \underline{}_U = 77$

$11 \times \underline{}_S = 33$

$11 \times \underline{}_A = 121$

$11 \times \underline{}_R = 99$

$11 \times \underline{}_D = 44$

$11 \times \underline{}_N = 110$

$11 \times \underline{}_M = 66$

$11 \times \underline{}_O = 88$

$11 \times \underline{}_C = 55$

$11 \times \underline{}_E = 22$

$11 \times \underline{}_T = 11$

$11 \times \underline{}_L = 132$

Solve the Riddle! Write the letter that goes with each number.

__ __ __ __ __ __ __ __ __ __ __ __
7 10 5 12 2   3 11 12 6 8 10

Multiplication: 12's to 144

Name: _____   Date: _____

Riddle 21

What happened when 100 hares got loose downtown?

Find the product.
Solve the riddle using your answers below.

12 × 7 = ___ H	12 × 12 = ___ E
12 × 10 = ___ A	12 × 8 = ___ S
12 × 1 = ___ T	12 × 3 = ___ O
12 × 4 = ___ C	12 × 11 = ___ P
12 × 5 = ___ B	12 × 2 = ___ D
12 × 6 = ___ R	12 × 9 = ___ M

Solve the Riddle! Write the letter that goes with each number.

___ ___ ___ ___ ___ ___ ___ ___ ___ ___ ___ ___
12 84 144 48 36 132 96 84 120 24 12 36

___ ___ ___ ___ ___ ___ ___ ___ ___ ___ ___ .
48 36 108 60 12 84 144 120 72 144 120

Solve-the-Riddle Math Practice: Multiplication & Division Facts © 2010 by Liane B. Onish. Scholastic Teaching Resources

Multiplication: 12's With Missing Factors

Riddle 22

Why couldn't Tarzan call Jane?

Find the missing factor.
Solve the riddle using your answers below.

$12 \times \underline{}_{V} = 84$

$12 \times \underline{}_{A} = 24$

$12 \times \underline{}_{E} = 48$

$12 \times \underline{}_{N} = 120$

$12 \times \underline{}_{B} = 96$

$12 \times \underline{}_{H} = 72$

$12 \times \underline{}_{W} = 12$

$12 \times \underline{}_{U} = 36$

$12 \times \underline{}_{S} = 108$

$12 \times \underline{}_{Y} = 132$

$12 \times \underline{}_{R} = 144$

$12 \times \underline{}_{I} = 60$

Solve the Riddle! Write the letter that goes with each number.

$\underline{}_{6} \underline{}_{4} \underline{}_{12} \quad \underline{}_{7} \underline{}_{5} \underline{}_{10} \underline{}_{4}$

$\underline{}_{1} \underline{}_{2} \underline{}_{9} \quad \underline{}_{8} \underline{}_{3} \underline{}_{9} \underline{}_{11} .$

Multiplication: 1's, 2's, 3's

Riddle 23

Name: _____ Date: _____

What did the watch call the grandfather clock?

Find the product.
Solve the riddle using your answers below.

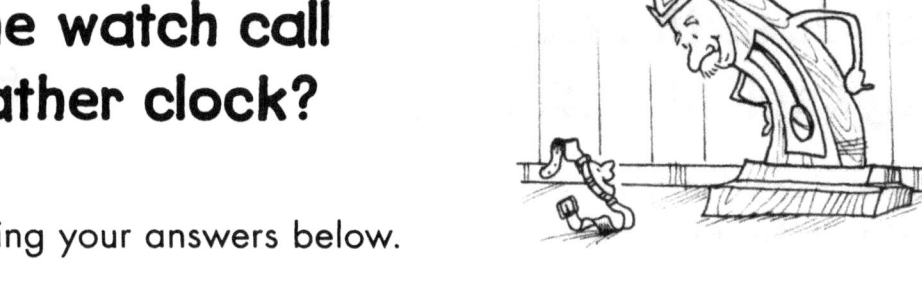

$1 \times 3 =$ ___
E

$2 \times 7 =$ ___
N

$3 \times 8 =$ ___
D

$3 \times 5 =$ ___
M

$3 \times 2 =$ ___
A

$1 \times 9 =$ ___
R

$2 \times 6 =$ ___
T

$3 \times 12 =$ ___
I

$2 \times 1 =$ ___
O

$1 \times 10 =$ ___
S

$1 \times 11 =$ ___
B

$2 \times 4 =$ ___
L

Solve the Riddle! Write the letter that goes with each number.

___ ___ ___ ___ ___ ___ ___ ___ ___ ___
6   14   2   8   24   12   36   15   3   9

Multiplication: 1's, 2's, 3's
With Missing Factors

Name: _____   Date: _____

Riddle 24

What does the papa monster always tell his children?

Find the missing factor.
Solve the riddle using your answers below.

2 × ___ = 10	3 × ___ = 12
T	O
1 × ___ = 11	2 × ___ = 18
B	A
3 × ___ = 9	1 × ___ = 10
K	W
1 × ___ = 7	2 × ___ = 2
R	H
3 × ___ = 6	1 × ___ = 6
N	S
2 × ___ = 16	3 × ___ = 36
F	E

Solve the Riddle!   Write the letter that goes with each number.

___ ___ ___ ___ ___ ___ ___ ___ ___ ___ ___
8   9   5   1   12   7   3   2   4   10   6

___ ___ ___ ___ ___ .
11 12 9   6   5

28

Multiplication: 4's, 5's, 6's

Riddle 25

What nail does a carpenter try *not* to hit?

Find the product.
Solve the riddle using your answers below.

$5 \times 3 = \underline{}$
N

$4 \times 7 = \underline{}$
I

$5 \times 11 = \underline{}$
H

$6 \times 12 = \underline{}$
E

$4 \times 2 = \underline{}$
D

$5 \times 9 = \underline{}$
A

$6 \times 8 = \underline{}$
F

$6 \times 5 = \underline{}$
B

$4 \times 1 = \underline{}$
G

$5 \times 10 = \underline{}$
S

$6 \times 6 = \underline{}$
R

$4 \times 4 = \underline{}$
L

Solve the Riddle! Write the letter that goes with each number.

$\underline{} \underline{} \underline{}$
$55 28 50$

$\underline{} \underline{} \underline{} \underline{} \underline{} \underline{} \underline{} \underline{} \underline{} \underline{}$
$48 28 15 4 72 36 15 45 28 16$

Solve-the-Riddle Math Practice: Multiplication & Division Facts © 2010 by Liane B. Onish. Scholastic Teaching Resources

Multiplication: 4's, 5's, 6's With Missing Factors

Name: _____ Date: _____

Riddle 26

Does margarine have wings?

Find the missing factor.
Solve the riddle using your answers below.

$6 \times \underline{} = 18$
R

$4 \times \underline{} = 36$
L

$5 \times \underline{} = 35$
E

$6 \times \underline{} = 60$
F

$4 \times \underline{} = 24$
B

$5 \times \underline{} = 60$
U

$5 \times \underline{} = 5$
D

$6 \times \underline{} = 48$
T

$4 \times \underline{} = 20$
O

$5 \times \underline{} = 55$
S

$6 \times \underline{} = 12$
I

$4 \times \underline{} = 16$
N

Solve the Riddle! Write the letter that goes with each number.

$\underline{}\ \underline{}\ ,\ \underline{}\ \underline{}\ \underline{}$
4   5   6   12   8

$\underline{}\ \underline{}\ \underline{}\ \underline{}\ \underline{}\ \underline{}\ \underline{}\ \underline{}\ \underline{}\ \underline{}\ \underline{}\ \underline{}\ .$
6 12 8   8   7   3   10 9   2   7   11

Riddle 27

Multiplication: 7's, 8's, 9's

Name: _____ Date: _____

What do bread bakers do on their day off?

Find the product.
Solve the riddle using your answers.

7 × 3 = ____
        J

9 × 9 = ____
        O

8 × 8 = ____
        E

8 × 5 = ____
        A

7 × 8 = ____
        Y

7 × 6 = ____
        T

9 × 6 = ____
        S

9 × 5 = ____
        L

7 × 7 = ____
        H

8 × 6 = ____
        U

9 × 3 = ____
        R

8 × 9 = ____
        F

Solve the Riddle! Write the letter that goes with each number.

__ __ __ __   __ __ __ __
42 49 64 56   21 48 54 42

__ __ __ __ .
45 81 40 72

Multiplication: 7's, 8's, 9's With Missing Factors

Riddle 28

Is it difficult to work for the IRS?

Find the missing factor.
Solve the riddle using your answers below.

8 × ___ = 64 T	9 × ___ = 36 D
7 × ___ = 7 Y	8 × ___ = 88 E
9 × ___ = 63 V	7 × ___ = 14 G
7 × ___ = 84 R	8 × ___ = 48 X
9 × ___ = 45 A	7 × ___ = 70 S
8 × ___ = 72 N	9 × ___ = 27 I

Solve the Riddle! Write the letter that goes with each number.

___ ___ ___ . ___ ___ ___ , ___ ___ ___ ___ ___
 1 11 10   3   8 10   7 11 12   1

___ ___ ___ ___ ___ ___ .
 8   5   6   3   9   2

Riddle 29

Multiplication: 10's, 11's, 12's

Name: _____ Date: _____

How does a bee cut wood?

Find the product.
Solve the riddle using your answers below.

12 × 3 = ___	10 × 2 = ___
B	I
10 × 8 = ___	11 × 12 = ___
S	C
11 × 4 = ___	12 × 6 = ___
U	W
12 × 9 = ___	11 × 7 = ___
Z	O
11 × 5 = ___	10 × 10 = ___
T	A
10 × 11 = ___	12 × 1 = ___
L	H

Solve the Riddle! Write the letter that goes with each number.

___ ___ ___ ___ ___
72 20 55 12 100

___ ___ ___ ___ ___ ___ ___
36 44 108 108 80 100 72

33

Solve-the-Riddle Math Practice: Multiplication & Division Facts © 2010 by Liane B. Onish. Scholastic Teaching Resources

Multiplication: 10's, 11's, 12's
With Missing Factors

Riddle 30

Why did the lazy gym teacher get fired?

Find the missing factor.
Solve the riddle using your answers below.

11 × ___ = 22 T	12 × ___ = 12 O
12 × ___ = 84 E	11 × ___ = 121 U
10 × ___ = 40 K	10 × ___ = 50 D
12 × ___ = 120 I	11 × ___ = 88 H
10 × ___ = 30 A	12 × ___ = 72 R
11 × ___ = 132 W	10 × ___ = 90 N

Solve the Riddle! Write the letter that goes with each number.

___ ___   ___ ___ ___ ___ ' ___
 8   7   5 10 5   9   2

___ ___ ___   ___ ___ ___ .
12 1   6   4   1 11 2

Division: Halves

Riddle 31

Name: _____ Date: _____

What do you call the top of a doghouse?

To divide in half means to make 2 equal groups. Circle 2 equal groups and write the number. Solve the riddle using your answers below.

half of 2 is ____
         F

half of 12 is ____
          Y

half of 4 is ____
         S

half of 10 is ____
          O

half of 8 is ____
         W

half of 6 is ____
         A

Solve the Riddle! Write the letter that goes with each number.

____ ____ ____ ____ ____
 3   4   5   5   1

Solve-the-Riddle Math Practice: Multiplication & Division Facts © 2010 by Liane B. Onish. Scholastic Teaching Resources

Division: 3's to 15

Riddle 32

Name: _____ Date: _____

What do you call a fly that has lost its wings?

Find the quotient.
Solve the riddle using your answers below.

Circle 3 equal groups of butterflies.

🦋 🦋 🦋 🦋 🦋 🦋 🦋 🦋 🦋

9 ÷ 3 = ___   3)9̄ ___ K
      K

Circle 3 equal groups of butterflies.

🦋 🦋 🦋 🦋 🦋 🦋

6 ÷ 3 = ___   3)6̄ ___ A
      A

Circle 3 equal groups of butterflies.

🦋 🦋 🦋 🦋 🦋 🦋
🦋 🦋 🦋 🦋 🦋 🦋

12 ÷ 3 = ___   3)1̄2̄ ___ W
       W

Circle 3 equal groups of butterflies.

🦋 🦋 🦋

3 ÷ 3 = ___   3)3̄ ___ L
      L

Circle 3 equal groups of butterflies.

🦋 🦋 🦋 🦋 🦋 🦋 🦋 🦋
🦋 🦋 🦋 🦋 🦋 🦋 🦋

15 ÷ 3 = ___   3)1̄5̄ ___ E
       E

Circle 1 group of butterflies.

🦋 🦋 🦋

3 ÷ 1 = ___   1)3̄ ___ K
      K

Solve the Riddle! Write the letter that goes with each number.

___ ___ ___ ___ ___
 2   4   2   1   3

36

Division: 4's to 24

Name: _____ Date: _____

Riddle 33

What do cows in space say?

Find the quotient.
Solve the riddle using your answers below.

Circle 4 equal groups of stars.

☆☆☆☆☆☆☆☆☆☆☆☆
☆☆☆☆☆☆☆☆☆☆☆☆

24 ÷ 4 = ___   4)‾2‾4‾ R
        R

Circle 4 equal groups of stars.

☆☆☆☆

4 ÷ 4 = ___   4)‾4‾ N
       N

Circle 4 equal groups of stars.

☆☆☆☆☆☆☆☆
☆☆☆☆☆☆☆☆

16 ÷ 4 = ___   4)‾1‾6‾ M
         M

Circle 4 equal groups of stars.

☆☆☆☆☆☆☆☆☆☆☆☆

12 ÷ 4 = ___   4)‾1‾2‾ O
         O

Circle 4 equal groups of stars.

☆☆☆☆☆☆☆☆

8 ÷ 4 = ___   4)‾8‾ D
       D

Circle 4 equal groups of stars.

☆☆☆☆☆☆☆☆☆☆
☆☆☆☆☆☆☆☆☆☆

20 ÷ 4 = ___   4)‾2‾0‾ E
         E

Solve the Riddle!   Write the letter that goes with each number.

___ ___ ___ - ___ !
 4   3   3   1

Division: 1's, 2's, 3's

Name: _____ Date: _____

Riddle 34

What's the best thing to put in a pie?

Find the quotient.
Solve the riddle using your answers below.

Circle 2 equal groups of apples.

$10 \div 2 =$ ___
         A

$2\overline{)10}$ ___ A

Circle 2 equal groups of apples.

$8 \div 2 =$ ___
        O

$2\overline{)8}$ ___ O

Circle 3 equal groups of apples.

$3 \div 3 =$ ___
        K

$3\overline{)3}$ ___ K

Circle 3 equal groups of apples.

$6 \div 3 =$ ___
        F

$3\overline{)6}$ ___ F

Circle 1 group of apples.

$2 \div 1 =$ ___
        F

$1\overline{)2}$ ___ F

Circle 1 group of apples.

$3 \div 1 =$ ___
        R

$1\overline{)3}$ ___ R

Solve the Riddle! Write the letter that goes with each number.

___ ___ ___ ___ ___
 5   2   4   3   1

38

Division: 1's, 3's, 4's

Riddle 35

Name: _____ Date: _____

What color did the cats paint their house?

Find the quotient.
Solve the riddle using your answers below.

Circle 3 equal groups of paint cans.

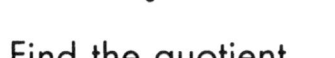

$12 \div 3 =$ ___ $3\overline{)12}$
      U   U

Circle 3 equal groups of paint cans.

$9 \div 3 =$ ___ $3\overline{)9}$
     R   R

Circle 4 equal groups of paint cans.

$8 \div 4 =$ ___ $4\overline{)8}$
     L   L

Circle 4 equal groups of paint cans.

$20 \div 4 =$ ___ $4\overline{)20}$
      P   P

Circle 1 equal group of paint cans.

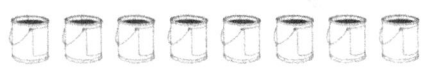

$3 \div 1 =$ ___ $1\overline{)3}$
     R   R

Circle 4 equal groups of paint cans.

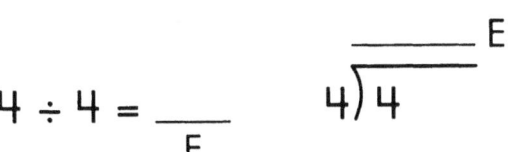

$4 \div 4 =$ ___ $4\overline{)4}$
     E   E

Solve the Riddle! Write the letter that goes with each number.

___ ___ ___ ___ - ___ ___ ___
 5   4   3   3   5   2   1

Division: 2's to 24

Riddle 36

What do elephants wear?

Find the quotient.
Solve the riddle using your answers below.

$4 \div 2 =$ ___
N

$2\overline{)22}$ ___ P

$8 \div 2 =$ ___
A

$2\overline{)14}$ ___ M

$10 \div 2 =$ ___
W

$2\overline{)24}$ ___ T

$6 \div 2 =$ ___
L

$2\overline{)12}$ ___ D

$18 \div 2 =$ ___
R

$2\overline{)16}$ ___ S

$20 \div 2 =$ ___
E

$2\overline{)2}$ ___ F

Solve the Riddle! Write the letter that goes with each number.

__ __ __ - __ __ __ __ __
10 3 10   11 4 2 12 8

40

Division: 3's to 36

Riddle 37

Why didn't the teddy bear want dessert?

Find the quotient.
Solve the riddle using your answers below.

9 ÷ 3 = ____
         S

3 ÷ 3 = ____
         F

30 ÷ 3 = ____
          H

12 ÷ 3 = ____
          T

33 ÷ 3 = ____
          U

18 ÷ 3 = ____
          W

         A
3)‾15‾

         R
3)‾24‾

         E
3)‾6‾

         N
3)‾36‾

         D
3)‾21‾

         C
3)‾27‾

Solve the Riddle! Write the letter that goes with each number.

__ __ __ __ __
10 2   6 5 3

__ __ __ __ __ __ __ .
3 4 11 1 1 2 7

Division: 4's to 48

Riddle 38

Where are famous dragons remembered?

Find the quotient.
Solve the riddle using your answers below.

$8 \div 4 = \underline{}$
E

$4\overline{)48}$ N

$24 \div 4 = \underline{}$
O

$4\overline{)20}$ D

$12 \div 4 = \underline{}$
I

$4\overline{)44}$ H

$40 \div 4 = \underline{}$
L

$4\overline{)28}$ M

$16 \div 4 = \underline{}$
T

$4\overline{)4}$ R

$36 \div 4 = \underline{}$
F

$4\overline{)32}$ A

Solve the Riddle! Write the letter that goes with each number.

$\underline{}\ \underline{}\quad \underline{}\ \underline{}\ \underline{}\quad \underline{}\ \underline{}\ \underline{}\ \underline{}$
3 12   4 11 2   11 8 10 10

$\underline{}\ \underline{}\quad \underline{}\ \underline{}\ \underline{}\ \underline{}\ \underline{}$
6 9   9 10 8 7 2

Division: 5's to 60

Name: _____ Date: _____

Riddle 39

Why did the bacon laugh?

Find the quotient.
Solve the riddle using your answers below.

$25 \div 5 = $ ___
      H

$5\overline{)10}$ — E

$50 \div 5 = $ ___
      D

$5\overline{)60}$ — A

$45 \div 5 = $ ___
      O

$5\overline{)15}$ — K

$30 \div 5 = $ ___
      G

$5\overline{)40}$ — C

$5 \div 5 = $ ___
      T

$5\overline{)55}$ — R

$35 \div 5 = $ ___
      Y

$5\overline{)20}$ — L

Solve the Riddle! Write the letter that goes with each number.

___ ___ ___ ___ ___ ___ ___ ___ ___ ___ ___ ___ ___
 1   5   2   2   6   6   8 11 12   8   3   2 10

___ ___ ___ ___ ___ .
12   7   9   4   3

Division: 6's to 72

Name: _____ Date: _____

Riddle 40

What do you call sleeping trees?

Find the quotient.
Solve the riddle using your answers below.

$48 \div 6 =$ ____
L

$\overline{}$ E
$6\overline{)18}$

$12 \div 6 =$ ____
A

$\overline{}$ B
$6\overline{)36}$

$30 \div 6 =$ ____
M

$\overline{}$ S
$6\overline{)54}$

$66 \div 6 =$ ____
G

$\overline{}$ R
$6\overline{)72}$

$60 \div 6 =$ ____
D

$\overline{}$ U
$6\overline{)6}$

$24 \div 6 =$ ____
N

$\overline{}$ W
$6\overline{)42}$

Solve the Riddle! Write the letter that goes with each number.

__ - __ __ __ __ __ __
9   8 1 5 6 3 12

44   Solve-the-Riddle Math Practice: Multiplication & Division Facts © 2010 by Liane B. Onish, Scholastic Teaching Resources

Division: 7's to 84

Name: _____ Date: _____

Riddle 41

How do you know a cat burglar has robbed you?

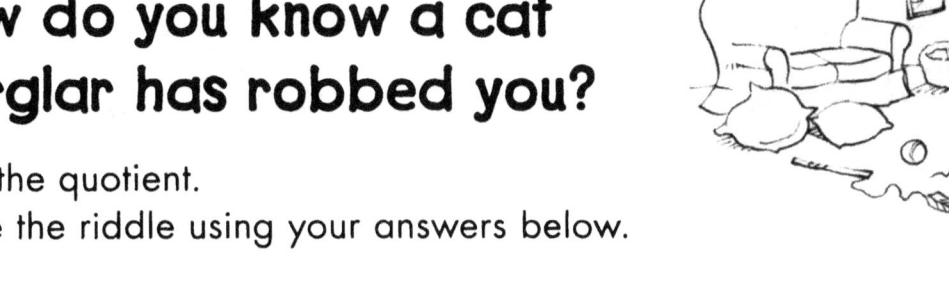

Find the quotient.
Solve the riddle using your answers below.

14 ÷ 7 = ____ 　　　　　O	____A 7)35
70 ÷ 7 = ____ 　　　　　R	____T 7)56
28 ÷ 7 = ____ 　　　　　G	____N 7)84
42 ÷ 7 = ____ 　　　　　C	____Y 7)21
77 ÷ 7 = ____ 　　　　　M	____U 7)63
49 ÷ 7 = ____ 　　　　　I	____S 7)7

Solve the Riddle! Write the letter that goes with each number.

___ ___ ___ ___   ___ ___ ___
 3   2   9 10   6   5   8

___ ___   ___ ___ ___ ___   ___ ___ ___ .
 7   1   11 7   1   1   7 12   4

Solve-the-Riddle Math Practice: Multiplication & Division Facts © 2010 by Liane B. Onish, Scholastic Teaching Resources

Division: 8's to 96

Riddle 42

What do you call a magician with wings?

Find the quotient.
Solve the riddle using your answers below.

40 ÷ 8 = ___
         Y

8)56 ___
       C

16 ÷ 8 = ___
         S

8)8 ___
      R

80 ÷ 8 = ___
         N

8)72 ___
       A

64 ÷ 8 = ___
         F

8)48 ___
       O

96 ÷ 8 = ___
         G

8)24 ___
       I

32 ÷ 8 = ___
         L

8)88 ___
       E

Solve the Riddle! Write the letter that goes with each number.

___ ___ ___ ___ ___ ___ ___
 9   8   4   5   3 10 12

___ ___ ___ ___ ___ ___ ___ ___
 2   6   1   7 11   1 11   1

46

Division: 9's to 108

Name: _____ Date: _____

Riddle 43

What do you get when you cross a porcupine and a pig?

Find the quotient.
Solve the riddle using your answers below.

$36 \div 9 =$ ___ T	$9\overline{)18}$ — I
$81 \div 9 =$ ___ N	$9\overline{)63}$ — U
$54 \div 9 =$ ___ C	$9\overline{)99}$ — H
$9 \div 9 =$ ___ S	$9\overline{)27}$ — D
$108 \div 9 =$ ___ M	$9\overline{)90}$ — E
$72 \div 9 =$ ___ K	$9\overline{)45}$ — A

Solve the Riddle! Write the letter that goes with each number.

___ ___ ___ ___ ___ ___   ___ ___
5   1   4   2   6   8   2   9

___ ___ ___   ___ ___ ___
4   11 10   12 7   3

Division: 10's to 120

Name: _____ Date: _____

Riddle 44

Why was the clumsy chef fired?

Find the quotient.
Solve the riddle using your answers below.

$30 \div 10 = \underline{}$ E	$10\overline{)70}$ I
$100 \div 10 = \underline{}$ D	$10\overline{)50}$ H
$20 \div 10 = \underline{}$ S	$10\overline{)90}$ L
$110 \div 10 = \underline{}$ T	$10\overline{)60}$ R
$80 \div 10 = \underline{}$ B	$10\overline{)40}$ N
$10 \div 10 = \underline{}$ P	$10\overline{)120}$ A

Solve the Riddle! Write the letter that goes with each number.

$\underline{}\ \underline{}\quad \underline{}\ \underline{}\ \underline{}\ \underline{}\ \underline{}\ \underline{}\ \underline{}$
5 3   2 1 7 9 9 3 10

$\underline{}\ \underline{}\ \underline{}\quad \underline{}\ \underline{}\ \underline{}\ \underline{}\ \underline{}\ .$
11 5 3   8 3 12 4 2

Division: 11's to 132

Name: _____ Date: _____

Riddle 45

What did the electrician say when he got a present?

Find the quotient.
Solve the riddle using your answers below.

$110 \div 11 = \underline{}_K$	$11\overline{)22}\ ^A$
$77 \div 11 = \underline{}_H$	$11\overline{)88}\ ^D$
$33 \div 11 = \underline{}_Y$	$11\overline{)121}\ ^S$
$44 \div 11 = \underline{}_W$	$11\overline{)66}\ ^L$
$99 \div 11 = \underline{}_N$	$11\overline{)11}\ ^U$
$132 \div 11 = \underline{}_M$	$11\overline{)55}\ ^T$

Solve the Riddle! Write the letter that goes with each number.

$\underline{}_5 \underline{}_7 \underline{}_2 \underline{}_9 \underline{}_{10} \underline{}_{11}$

$\underline{}_2 \underline{}_4 \underline{}_2 \underline{}_5 \underline{}_5 !$

Division: 12's to 144

Riddle 46

Name: _____ Date: _____

What do you get when you cross a stream and a river?

Find the quotient.
Solve the riddle using your answers below.

$48 \div 12 = $ ____
        A

$12\overline{)72}$ ____ C

$120 \div 12 = $ ____
        B

$12\overline{)144}$ ____ T

$12 \div 12 = $ ____
        E

$12\overline{)108}$ ____ N

$36 \div 12 = $ ____
        K

$12\overline{)60}$ ____ W

$96 \div 12 = $ ____
        R

$12\overline{)132}$ ____ D

$24 \div 12 = $ ____
        S

$12\overline{)84}$ ____ H

Solve the Riddle! Write the letter that goes with each number.

___ ___ ___   ___ ___ ___ ___ ___ ___ ___ ___
 5   1   12   2   9   1   4   3   1   8   2

Division: 1's, 2's, 3's

Name: _____ Date: _____

Riddle 47

What dress do friends have but never wear?

Find the quotient.
Solve the riddle using your answers below.

2 ÷ 1 = ____
       R

3)9 ____ H

18 ÷ 2 = ____
         A

1)5 ____ D

12 ÷ 3 = ____
         T

2)24 ____ M

8 ÷ 1 = ____
        C

3)3 ____ P

22 ÷ 2 = ____
         E

1)10 ____ S

18 ÷ 3 = ____
         L

2)14 ____ I

Solve the Riddle! Write the letter that goes with each number.

__ __ __ __ __
4 3 11 7 2

__ __ __ __ __ __ __
9 5 5 2 11 10 10

Division: 4's, 5's, 6's

Name: _____ Date: _____

Riddle 48

Why didn't the triangle like the dance?

Find the quotient.
Solve the riddle using your answers below.

$24 \div 4 = $ ____
Q

$6\overline{)6}$ W

$15 \div 5 = $ ____
I

$5\overline{)55}$ D

$30 \div 6 = $ ____
C

$4\overline{)16}$ E

$28 \div 4 = $ ____
U

$6\overline{)60}$ A

$40 \div 5 = $ ____
T

$5\overline{)10}$ N

$54 \div 6 = $ ____
R

$4\overline{)48}$ S

Solve the Riddle! Write the letter that goes with each number.

___ ___ ___ ___ ___ ___
3   8   1 10 12   10

___ ___ ___ ___ ___ ___ ___ ___ ___ ___ ___ .
12 6   7 10 9   4   11 10 2   5   4

Division: 1's to 6's
With Missing Dividends

Name: _____   Date: _____

Riddle 49

What train brings bubble gum?

Find the missing dividend.
Solve the riddle using your answers below.

__W__ ÷ 2 = 6

__N__ ÷ 1 = 8

__A__ ÷ 3 = 10

__R__ ÷ 5 = 7

__P__ ÷ 4 = 4

__B__ ÷ 6 = 12

1)⎯⎯11⎯⎯ C

6)⎯⎯9⎯⎯ I

4)⎯⎯7⎯⎯ T

2)⎯⎯11⎯⎯ L

3)⎯⎯12⎯⎯ E

5)⎯⎯2⎯⎯ H

Solve the Riddle! Write the letter that goes with each number.

__ __ __ __ __ - __ __ __ __
30 11 10 36 12   11 10 36 12

__ __ __ __ __
28 35 30 54 8

Division: 7's, 8's, 9's

Riddle 50

What kind of hat does a bird like best?

Find the quotient.
Solve the riddle using your answers below.

$84 \div 7 =$ ___
E

$9\overline{)36}$ ___ D

$16 \div 8 =$ ___
O

$8\overline{)88}$ ___ R

$81 \div 9 =$ ___
L

$7\overline{)35}$ ___ Y

$49 \div 7 =$ ___
H

$9\overline{)9}$ ___ B

$24 \div 8 =$ ___
I

$8\overline{)80}$ ___ F

$72 \div 9 =$ ___
A

$7\overline{)42}$ ___ N

Solve the Riddle! Write the letter that goes with each number.

___ ___ ___ ___ ___ ___ ___ ___ ___ ___
 8 11 2   1   3   6   7   2   2   4

Division: 10's, 11's, 12's

Name: _____   Date: _____

Riddle 51

What did King Kong use to escape from his cage?

Find the quotient.
Solve the riddle using your answers below.

$40 \div 10 =$ ___ N	$12\overline{)132}$ W
$88 \div 11 =$ ___ H	$11\overline{)22}$ K
$60 \div 12 =$ ___ A	$10\overline{)90}$ M
$100 \div 10 =$ ___ R	$12\overline{)144}$ Y
$66 \div 11 =$ ___ O	$11\overline{)33}$ E
$12 \div 12 =$ ___ P	$10\overline{)70}$ C

Solve the Riddle!   Write the letter that goes with each number.

___ ___ ___ ___ ___ ___ ___
5   9   6   4   2   3   12

___ ___ ___ ___ ___ ___
11   10   3   4   7   8

Solve-the-Riddle Math Practice: Multiplication & Division Facts © 2010 by Liane B. Onish. Scholastic Teaching Resources

Division: 7's to 12's
With Missing Dividends

Name: _____ Date: _____

Riddle 52

Why couldn't the last astronaut fit on the space shuttle?

Find the missing dividend.
Solve the riddle using your answers below.

___ ÷ 7 = 9
W

12)‾‾‾‾ (12 on top)
E

___ ÷ 8 = 5
U

11)‾‾‾‾ (9 on top)
T

___ ÷ 9 = 10
X

10)‾‾‾‾ (7 on top)
C

___ ÷ 10 = 3
R

9)‾‾‾‾ (6 on top)
A

___ ÷ 11 = 4
O

8)‾‾‾‾ (12 on top)
P

___ ÷ 12 = 3
I

7)‾‾‾‾ (2 on top)
S

Solve the Riddle! Write the letter that goes with each number.

__ __   __ __ __
36 99   63 54 14

__ __ __ __ __   __ __ __ __ __ .
44 40 99 144 30   14 96 54 70 144

Mixed Practice 1: 1's to 6's

Name: _____ Date: _____

Riddle 53

What colorful letter tastes good?

Find the product or quotient.
Solve the riddle using your answers below.

11 × 1 = ___ T	___ N 6)̅3̅6̅
1 × 2 = ___ A	___ M 5)̅5̅0̅
12 × 3 = ___ U	___ B 4)̅2̅0̅
6 × 4 = ___ I	21 ÷ 3 = ___ O
8 × 5 = ___ R	18 ÷ 2 = ___ E
10 × 6 = ___ W	12 ÷ 1 = ___ L

Solve the Riddle!   Write the letter that goes with each number.

___ ___ ___ ___ ___ ___ ___
 2   5   40   7   60   6   9

Mixed Practice 2: 7's to 12's

Riddle 54

Name: _____ Date: _____

What country does candy come from?

Find the product or quotient.
Solve the riddle using your answers below.

$7 \times 7 =$ ___ A

$12\overline{)144}$ Z

$3 \times 8 =$ ___ E

$11\overline{)110}$ F

$7 \times 9 =$ ___ D

$10\overline{)70}$ L

$2 \times 10 =$ ___ T

$18 \div 9 =$ ___ N

$5 \times 11 =$ ___ R

$88 \div 8 =$ ___ W

$3 \times 12 =$ ___ S

$63 \div 7 =$ ___ U

Solve the Riddle! Write the letter that goes with each number.

___ ___ ___ ___ ___ - ___ ___ ___ ___ ___ ___ ___
36 11 24 24 20   12 24 55 7 49 2 63

58 Solve-the-Riddle Math Practice: Multiplication & Division Facts © 2010 by Liane B. Onish. Scholastic Teaching Resources

Mixed Practice 3: With Missing Factors and Dividends: 1's to 4's

Name: _____ Date: _____

Riddle 55

What gives milk, says "moo," and makes wishes come true?

Find the missing factor or dividend.
Solve the riddle using your answers below.

___ × 2 = 22 D	4)‾5‾ E
___ × 7 = 84 G	2)‾2‾ A
___ × 4 = 36 H	3)‾6‾ N
___ × 3 = 24 I	___ ÷ 1 = 7 O
___ × 2 = 10 M	___ ÷ 4 = 12 Y
___ × 3 = 18 R	___ ÷ 1 = 3 T

Solve the Riddle! Write the letter that goes with each number.

__ __ __ __ __ __
4 11 4 8 6 48

__ __ __ __ __ __ __ __ __
12 7 11 5 7 3 9 20 6

Solve-the-Riddle Math Practice: Multiplication & Division Facts © 2010 by Liane B. Onish. Scholastic Teaching Resources

Mixed Practice 4:
With Missing Factors and Dividends: 5's to 8's

Name: _____ Date: _____

Riddle 56

What happens to a baby duck before it grows up?

Find the missing factor or dividend.
Solve the riddle using your answers below.

$\underset{R}{\underline{}} \times 5 = 25$ $8\overline{)\underline{}}^{\,12}$ S

$\underset{T}{\underline{}} \times 6 = 42$ $7\overline{)\underline{}}^{\,8}$ O

$\underset{W}{\underline{}} \times 7 = 21$ $8\overline{)\underline{}}^{\,4}$ B

$\underset{E}{\underline{}} \times 8 = 72$ $\underset{D}{\underline{}} \div 7 = 10$

$\underset{G}{\underline{}} \times 5 = 10$ $\underset{I}{\underline{}} \div 6 = 8$

$\underset{N}{\underline{}} \times 6 = 66$ $\underset{P}{\underline{}} \div 5 = 3$

Solve the Riddle! Write the letter that goes with each number.

$\underset{48}{\underline{}}\ \underset{7}{\underline{}}\quad \underset{2}{\underline{}}\ \underset{5}{\underline{}}\ \underset{56}{\underline{}}\ \underset{3}{\underline{}}\ \underset{96}{\underline{}}$

$\underset{70}{\underline{}}\ \underset{56}{\underline{}}\ \underset{3}{\underline{}}\ \underset{11}{\underline{}}.$

Mixed Practice 5:
With Missing Factors and Dividends: 9's to 12's

Name: _____ Date: _____

Riddle 57

What did the storm cloud put on first?

Find the missing factor or dividend.
Solve the riddle using your answers below.

____ × 9 = 81
N

____ × 10 = 20
H

____ × 11 = 77
R

____ × 12 = 36
D

____ × 9 = 45
T

____ × 10 = 120
M

11)‾2‾ I

10)‾3‾ E

9)‾6‾ U

____ ÷ 8 = 10
A

____ ÷ 12 = 6
S

____ ÷ 11 = 1
W

Solve the Riddle! Write the letter that goes with each number.

__ __ __
2 22 72

__ __ __ __ __ __ __ __ __ __ __ __
5 2 54 9 3 30 7 11 30 80 7

Answer Key

Multiplication

page 5: Riddle 1
to be with the jellyfish
B-4, Y-8, W-12, J-16, L-6, E-24, I-2, H-20, F-10, O-14, S-22, T-18

page 6: Riddle 2
It wasn't peeling well.
T-4, Y-1, W-11, N-9, A-10, I-8, E-5, P-7, G-6, H-12, S-3, L-2

page 7: Riddle 3
The ice might crack up.
H-9, I-24, P-21, T-18, E-36, R-27, C-6, U-33, K-30, A-12, G-3, M-15

page 8: Riddle 4
one happy elephant
O-3, S-12, A-8, P-6, Y-7, E-4, L-1, N-5, R-10, H-9, T-2, D-11

page 9: Riddle 5
the tusk fairy
T-12, U-24, Y-40, I-32, H-44, K-36, S-4, A-16, N-28, E-8, R-48, F-20

page 10: Riddle 6
He wanted sweet dreams.
N-4, R-6, E-3, P-5, A-7, S-10, W-2, F-11, T-9, D-1, M-12, H-8

page 11: Riddle 7
more than the dog
H-10, R-35, A-15, G-50, S-45, M-20, O-55, D-25, F-5, N-30, E-40, T-60

page 12: Riddle 8
at the chopping center
I-2, A-4, S-3, P-1, C-7, H-10, E-11, O-5, R-6, T-12, N-9, G-8

page 13: Riddle 9
All his uncles were ants!
T-24, L-6, H-42, C-54, W-72, A-12, R-18, I-30, N-48, U-66, E-36, S-60

page 14: Riddle 10
It's too far to walk.
K-9, S-11, R-5, L-2, W-6, I-7, P-3, F-4, E-8, O-1, T-10, A-12

page 15: Riddle 11
a rex-tangle
E-21, X-49, L-28, D-7, A-70, Q-63, N-35, C-77, R-56, G-42, U-14, T-84

page 16: Riddle 12
her doggie bag
I-2, N-11, E-4, D-1, F-9, B-10, A-3, H-5, T-7, G-6, O-12, R-8

page 17: Riddle 13
sit next to a fan
N-64, S-24, A-32, D-8, T-40, Q-88, I-56, F-96, O-72, X-48, U-80, E-16

page 18: Riddle 14
Quacker Jacks
C-1, E-12, J-6, D-11, N-9, Q-4, A-5, R-10, T-2, U-7, K-3, S-8

page 19: Riddle 15
on sale boats
L-54, R-18, N-45, D-9 A-36, V-108, B-90, S-81, T-27, I-72, O-99, E-63

page 20: Riddle 16
to the hop-ital
L-9, I-7, T-12, S-5, H-1, N-11, D-6, O-4, A-8, P-3, W-10, E-2

page 21: Riddle 17
broom-mates
O-40, B-60, Z-110, N-10, M-20, S-120, E-70, A-50, D-30, R-100, W-80, T-90

page 22: Riddle 18
a matchbook
R-6, T-9, D-2, U-11, B-3, A-7, C-1, K-4, E-8, O-5, H-12, M-10

page 23: Riddle 19
because it was yellow
L-22, S-44, C-121, E-33, Y-55, A-11, O-110, U-77, I-66, W-132, T-99, B-88

page 24: **Riddle 20**
Uncle Salmon
U-7, A-11, D-4, M-6, C-5, T-1, S-3, R-9, N-10, O-8, E-2, L-12

page 25: **Riddle 21**
The cops had to comb the area.
H-84, A-120, T-12 C-48, B-60, R-72, E-144, S-96, O-36, P-132, D-24, M-108

page 26: **Riddle 22**
Her vine was busy.
V-7, E-4, B-8, W-1, S-9, R-12, A-2, N-10, H-6, U-3, Y-11, I-5

page 27: **Riddle 23**
an old timer
E-3, D-24, A-6, T-12, O-2, B-11, N-14, M-15, R-9, I-36, S-10, L-8

page 28: **Riddle 24**
Father knows beast.
T-5, B-11, K-3, R-7, N-2, F-8, O-4, A-9, W-10, H-1, S-6, E-12

page 29: **Riddle 25**
his fingernail
N-15, H-55, D-8, F-48, G-4, R-36, I-28, E-72, A-45, B-30, S-50, L-16

page 30: **Riddle 26**
No, but butter flies.
R-3, E-7, B-6, D-1, O-5, I-2, L-9, F-10, U-12, T-8, S-11, N-4

page 31: **Riddle 27**
They just loaf.
J-21, E-64, Y-56, S-54, H-49, R-27, O-81, A-40, T-42, L-45, U-48, F-72

page 32: **Riddle 28**
Yes. It's very taxing.
T-8, Y-1, V-7, R-12, A-5, N-9, D-4, E-11, G-2, X-6, S-10, I-3

page 33: **Riddle 29**
with a buzz saw
B-36, S-80, U-44, Z-108, T-55, L-110, I-20, C-132, W-72, O-77, A-100, H-12

page 34: **Riddle 30**
He didn't work out.
T-2, E-7, K-4, I-10, A-3, W-12, O-1, U-11, D-5, H-8, R-6, N-9

Division

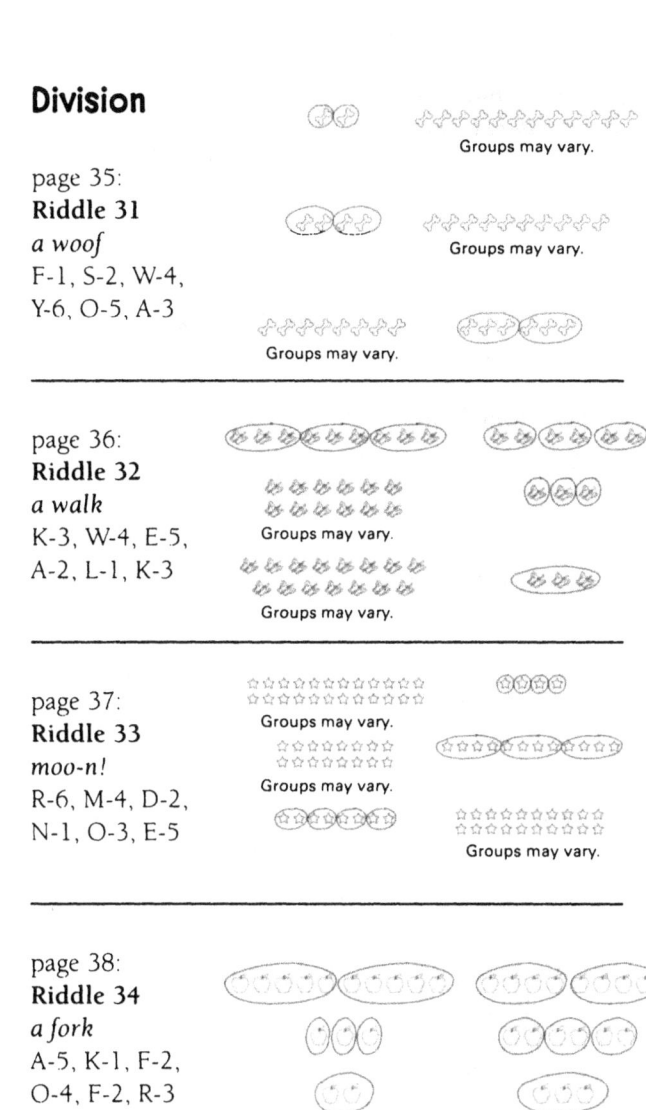

page 35: **Riddle 31**
a woof
F-1, S-2, W-4, Y-6, O-5, A-3

page 36: **Riddle 32**
a walk
K-3, W-4, E-5, A-2, L-1, K-3

page 37: **Riddle 33**
moo-n!
R-6, M-4, D-2, N-1, O-3, E-5

page 38: **Riddle 34**
a fork
A-5, K-1, F-2, O-4, F-2, R-3

page 39: **Riddle 35**
purr-ple
U-4, L-2, R-3, R-3, P-5, E-1

page 40: **Riddle 36**
ele-pants
N-2, A-4, W-5, L-3, R-9, E-10, P-11, M-7, T-12, D-6, S-8, F-1

page 41: **Riddle 37**
He was stuffed.
S-3, F-1, H-10, T-4, U-11, W-6, A-5, R-8, E-2, N-12, D-7, C-9

page 42: **Riddle 38**
in the Hall of Flame
E-2, O-6, I-3, L-10, T-4, F-9, N-12, D-5, H-11, M-7, R-1, A-8

page 43: **Riddle 39**
The egg cracked a yolk.
H-5, D-10, O-9, G-6, T-1, Y-7, E-2, A-12, K-3, C-8, R-11, L-4

page 44: **Riddle 40**
s-lumber
L-8, A-2, M-5, G-11, D-10, N-4, E-3, B-6, S-9, R-12, U-1, W-7

page 45: **Riddle 41**
Your cat is missing.
O-2, R-10, G-4, C-6, M-11, I-7, A-5, T-8, N-12, Y-3, U-9, S-1

page 46: **Riddle 42**
a flying sorcerer
Y-5, S-2, N-10, F-8, G-12, L-4, C-7, R-1, A-9, O-6, I-3, E-11

page 47: **Riddle 43**
a stick in the mud
T-4, N-9, C-6, S-1, M-12, K-8, I-2, U-7, H-11, D-3, E-10, A-5

page 48: **Riddle 44**
He spilled the beans.
E-3, D-10, S-2, T-11, B-8, P-1, I-7, H-5, L-9, R-6, N-4, A-12

page 49: **Riddle 45**
Thanks a watt!
K-10, H-7, Y-3, W-4, N-9, M-12, A-2, D-8, S-11, L-6, U-1, T-5

page 50: **Riddle 46**
wet sneakers
A-4, B-10, E-1, K-3, R-8, S-2, C-6, T-12, N-9, W-5, D-11, H-7

page 51: **Riddle 47**
their address
R-2, A-9, T-4, C-8, E-11, L-6, H-3, D-5, M-12, P-1, S-10, I-7

page 52: **Riddle 48**
It was a square dance.
Q-6, I-3, C-5, U-7, T-8, R-9, W-1, D-11, E-4, A-10, N-2, S-12

Mixed Practice

page 53: **Riddle 49**
a chew-chew train
W-12, N-8, A-30, R-35, P-16, B-72, C-11, I-54, T-28, L-22, E-36, H-10

page 54: **Riddle 50**
a robin hood
E-12, O-2, L-9, H-7, I-3, A-8, D-4, R-11, Y-5, B-1, F-10, N-6

page 55: **Riddle 51**
a monkey wrench
N-4, H-8, A-5, R-10, O-6, P-1, W-11, K-2, M-9, Y-12, E-3, C-7

page 56: **Riddle 52**
It was outer space.
W-63, U-40, X-90, R-30, O-44, I-36, E-144, T-99, C-70, A-54, P-96, S-14

page 57: **Riddle 53**
a brown e
T-11, A-2, U-36, I-24, R-40, W-60, N-6, M-10, B-5, O-7, E-9, L-12

page 58: **Riddle 54**
Sweet-zerland
A-49, E-24, D-63, T-20, R-55, S-36, Z-12, F-10, L-7, N-2, W-11, U-9

page 59: **Riddle 55**
a dairy godmother
D-11, G-12, H-9, I-8, M-5, R-6, E-20, A-4, N-18, O-7, Y-48, T-3

page 60: **Riddle 56**
It grows down.
R-5, T-7, W-3, E-9, G-2, N-11, S-96, O-56, B-32, D-70, I-48, P-15

page 61: **Riddle 57**
his thunderwear
N-9, H-2, R-7, D-3, T-5, M-12, I-22, E-30, U-54, A-80, S-72, W-11

www.ingramcontent.com/pod-product-compliance
Lightning Source LLC
LaVergne TN
LVHW080251260326
834688LV00042BA/1218